Rusia

Grace Hansen

Abdo Kids PAÍSES

Abdo Kids Jumbo es una subdivisión de Abdo Kids
abdobooks.com

abdobooks.com

Published by Abdo Kids, a division of ABDO, P.O. Box 398166, Minneapolis, Minnesota 55439.

Printed in China

102019

012020

THIS BOOK CONTAINS
RECYCLED MATERIALS

Spanish Translator: Maria Puchol

Photo Credits: Alamy, iStock, Shutterstock

Production Contributors: Teddy Borth, Jennie Forsberg, Grace Hansen
Design Contributors: Dorothy Toth, Pakou Moua

Library of Congress Control Number: 2019944039

Publisher's Cataloging-in-Publication Data

Names: Hansen, Grace, author.

Title: Rusia/ by Grace Hansen

Other title: Russia. Spanish

Description: Minneapolis, Minnesota : Abdo Kids, 2020. | Series: Países

Identifiers: ISBN 9781098200930 (lib.bdg.) | ISBN 9781098201913 (ebook)

Subjects: LCSH: Russia--Juvenile literature. | Russia--History--Juvenile literature. | Eurasia--Juvenile literature. | Geography--Juvenile literature. | Spanish language materials--Juvenile literature.

Classification: DDC 947--dc23

Contenido

Rusia

Rusia está en el este de Europa y norte de Asia. Es el país más grande del mundo en territorio.

océano Ártico
Rusia
Europa
Asia
océano
Pacífico
África
Oceanía
N
W
E
S

Rusia es tan grande que tiene muchos climas y **biomas** diferentes. Tiene de todo, desde planicies a altas montañas. También tiene **tundra**, bosques, desiertos y playas.

7

El monte Elbrus, al sur de Rusia, es parte de la cordillera del Cáucaso. Es el punto más alto de Rusia con 18,510 pies de altura (5,642 m).

Rusia tiene casi 23,000 millas de **costa** (37,015 km). Gran parte del país limita con los océanos Pacífico y Ártico.

Ciudades importantes

La mayoría de la población de Rusia vive en la parte oeste del país. La capital de Rusia es Moscú. Es una de las ciudades más grandes del mundo. Viven más de 12 millones de personas allí.

13

La segunda ciudad más grande es San Petersburgo. Es un **puerto** importante del país. El río Neva cruza la ciudad.

15

Plantas y animales

Rusia está lleno de asombrosos animales y plantas. Los tigres siberianos viven en el extremo este de Rusia. ¡Son los felinos más grandes del mundo!

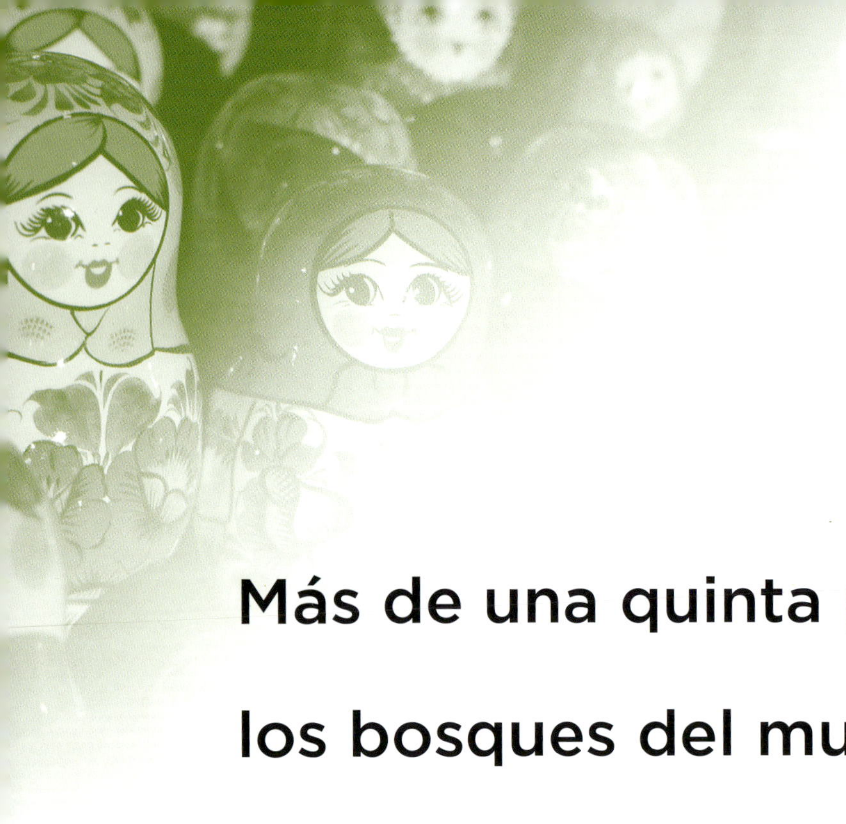

Más de una quinta parte de los bosques del mundo están en Rusia. Píceas, pinos, abetos y alerces constituyen la **taiga** del país.

Arte

Muchos escritores famosos de los años 1800 fueron rusos. Leo Tolstoy nació en Rusia en 1828. Conocido por sus libros *Paz y guerra*, y *Anna Karenina*.

ANNA KARENINA
TOLSTOY
WAR & PEACE

Lugares impresionantes de Rusia

Parque Nacional Ergaki
Krasnoyarsk Krai, Rusia

Lago Baskunchak
Astrakhan Oblast, Rusia

Catedral de San Basilio
Moscú, Rusia

Palacio de Invierno
San Petersburgo, Rusia

Glosario

bioma – comunidad grande de plantas y animales idóneos para un lugar y clima.

costa – donde la tierra y el mar se encuentran.

puerto – lugar cerca de la ciudad o pueblo donde los barcos cargan y descargan.

taiga – franja subártica de bosques de hoja perenne que cubre gran parte de la zona norte de América del Norte, Europa y Asia.

tundra – enormes planicies de la región ártica de América del Norte, Europa y Asia. En las tundras no crecen los árboles.

Índice

Schaum

Repertoire

Level Two

Supplements All Piano Methods

Compiled by Wesley Schaum

Compiled by Wesley Schaum

FOREWORD

This book is designed to supplement any level two method by providing opportunities for reading experience and repertoire building. The pieces may be enjoyed by students of all ages. The musical styles represent many composers, both classic and contemporary. A planned variety of key signatures and time signatures provides valuable review.

INDEX

(Titles indicated with an asterisk are ORIGINAL)

Schaum Publications, Inc.

10235 N. Port Washington Rd. • Mequon, WI 53092

www.schaumpiano.net

03-71
HH-4

The ENTERTAINER

Scott Joplin
arr. by Arthur Cox and Wesley Schaum

mp
f